La cucaracha

Adaptada por Elena Castro, Barbara Flores y Eddie Hernández
Ilustrada por Michael Ramirez

CELEBRATION PRESS

Pearson Learning Group

La cucaracha, la cucaracha
tiene ganas de bailar,
pero no tiene, pero le faltan
unas botas para zapatear.

Y la cucaracha pinta
le dijo a la colorada:
—Yo te presto mis botitas
para que des la zapateada.

La cucaracha, la cucaracha
tiene ganas de patinar,
pero no tiene, pero le faltan
unos patines para patinar.

Y la cucaracha pinta
le dijo a la colorada:
—Yo te presto mis patines
para que des la patinada.

La cucaracha, la cucaracha
tiene ganas de esquiar,
pero no tiene, pero le faltan
unos palitos para resbalar.

Y la cucaracha pinta
le dijo a la colorada:
—Yo te presto mis palitos
para que des la resbalada.

La cucaracha, la cucaracha
tiene ganas de platicar,
pero no tiene, pero le falta
una amiga a quien llamar.

Ahora sí tiene y no le falta
¡una amiga con quien gozar!